SOUFFLE
DU CIEL

Béatrice Laroche

SOUFFLE DU CIEL

Préface de
Mary M Gasparoly

LA GRÂCE DU SILENCE

Conception graphique : Gilles Arira
gilarira.com

© 2021 Béatrice Laroche - La grâce du silence
ISBN : 978-2-3222-70118

Édition : BoD – Books on Demand,
12/14 rond-point des Champs-Élysées, 75008 Paris.
Impression : BoD - Books on Demand,
Norderstedt, Allemagne

Dépôt légal : juin 2021

Dans un silence de cœur, le ciel s'est fondu en mon âme pour vous souffler ces mots rédempteurs d'amour, de grâce et de vérité.

PRÉFACE

Béatrice Laroche œuvre d'abord et avant tout dans le Cœur et le ressenti.

Quand on demande à Béatrice ce qu'elle est, ce qu'elle fait, elle répond que cela est inexplicable car l'énergie qu'elle transmet la dépasse ! C'est de l'ordre du subtil, de l'invisible. Les mots se sentiront à l'étroit dans toute définition.

Quand elle marche dans la rue et que vous la croisez, cette énergie-lumière est très palpable... Béatrice s'abreuve de lumière au quotidien par la prière et cette lumière c'est l'Amour, l'Amour de tout ce qui EST. La force de l'Amour est rédemptrice de beaucoup de Grâces. Cette énergie-lumière se manifeste concrètement chez elle par un respect, une bienveillance et un amour sans borne des êtres. L'Amour a été semé dans son cœur ! Sa passion c'est de le faire fleurir dans le cœur, le corps et l'âme de toutes celles et ceux qu'elle rencontre. Elle ne désire rien de plus que de communiquer cette Passion à autrui.

Depuis l'année 2005, généralement, elle se présente comme thérapeute de Lumière car, étymologiquement, ce terme provient du grec ancien θεός, theós (« dieu ») : soigner avec Dieu, prendre soin de quelqu'un. C'est tout le sens de sa mission, de ses soins. Elle canalise l'énergie par la prière, sa nourriture essentielle. Elle ressent les maux des personnes dans son corps et dans son cœur... et à travers son souffle, les sons, les chants, l'imposition des mains, elle les libère.

Une patiente dit à son propos : « Je ne savais pas qui elle était ni ce qu'elle faisait. J'ai pris rendez-vous grâce à une amie. Je ne sais toujours pas qui elle est ni ce qu'elle fait. Je sais juste qu'elle m'a fait vivre un moment indescriptible et merveilleux ! »

Le livre inédit que vous tenez entre les mains, Béatrice n'a pas cherché à l'écrire, c'est le livre qui l'a cherchée. Il s'agit d'écritures inspirées.

Ce livre dont elle est l'instrument – tout comme l'énergie qu'elle fait passer à travers elle – ne lui appartiennent pas.

Béatrice aime à répéter ceci : « Quoi de plus beau, de plus grand que d'être VRAI ! Que d'accéder à ta Vérité Intérieure ! Quand ta parole est juste, elle touche les cœurs. »
Laissons nos cœurs toucher par ses pépites...

Mary M Gasparoly

« *Il y a une force extrêmement puissante pour laquelle, jusqu'à présent la science n'a pas trouvé une explication officielle. C'est une force qui comprend et régit toutes les autres. Elle est derrière tout phénomène qui opère dans l'Univers et cette force universelle est l'Amour.* »

Albert Einstein

LE MONDE – LA MATIÈRE

On vit dans un monde terrestre
qui ne va pas bien
où des êtres n'ont pas conscience
de ce qui est et de ce qui n'est pas,
dans un monde de matière où manque
la dimension spirituelle.
Et ce manque crée le vide et met les êtres
dans des attentes de souffrance.

Qu'il est difficile de s'incarner
dans ce monde qui manque d'amour.

Dans l'amour juste et dans la proximité,
les âmes et les cœurs s'émerveillent
de se retrouver dans ce monde
... ou dans un autre monde.

Dans la vie, il ne faut jamais se disperser,
se perdre dans la matière,
car la matière n'est rien.

Toutes les pollutions psychiques
sont de véritables entraves
pour l'évolution d'une âme.

CORPS ET ÂME

Tout ce temps était nécessaire
à la reconstruction des âmes,
afin que vous puissiez retrouver
toutes les belles puissances que vous portez.
Dieu sait si elles sont grandes !

Le corps est le temple de l'âme.

L'âme est céleste et le corps terrestre.
L'harmonie, c'est l'unité.

La reliance et l'écoute de l'âme et du corps
sont nécessaires à l'épanouissement
d'un être.

Toujours exprimer l'amour à travers la joie.
Le désir de l'homme est parfois plus fort
que le discernement.
Il n'est pas facile de résister
aux tentations du corps.

Vos âmes et vos corps ont besoin
de se reposer
pour enfin mieux resurgir dans la matière.

Les égarements du corps ne sont rien tant
que l'être ne s'égare pas dans son cœur.

Une âme qui résonne dans l'âme d'un autre
dans la même vibration,
à la même fréquence,
lie et relie les énergies de l'amour
dans une élévation et une évolution
de tous les corps.

L'amour naît dans les cœurs,
non dans les corps,
toujours privilégier les cœurs
plutôt que les corps,
qu'ils insufflent à vos âmes confiance,
confiance dans le génie qui est le vôtre.

Le corps spirituel doit toujours être en phase
avec le corps physique.

Les corps émotionnels sont plus structurés
dans ce temps présent
laissant place à la justesse du verbe.

Une âme en pleine transformation,
en pleine mutation, rayonne,
charisme, puissance et force.

Le corps émotionnel a une grande influence
sur tous nos corps,
d'où l'importance de bien se connaître
pour ne pas laisser place aux symptômes.

La sagesse ancestrale imprègne
tous vos corps.
Alchimie du corps et de l'esprit.

Que les vieilles âmes qui ont un cœur
d'enfant sont une belle association.

Être à l'écoute de son âme,
c'est une nécessité
afin de ne pas laisser le corps s'exprimer
à travers des maux.

Que la voix émet la profondeur de l'âme,
on peut lire dans les cœurs
mais aussi dans les voix.

L'homme charnel fonctionne avec ses sens,
l'homme spirituel fonctionne avant tout
avec son cœur et avec son âme.

ÂME, CŒUR ET CORPS
GUÉRISON

Que les mots libèrent les maux,
du corps et du cœur.

Le symptôme n'est rien.
Ce qui est important, c'est la force de vie.

Que la guérison de l'âme et du cœur est essentielle à la reconstruction de l'être.

Les médecins du ciel font des merveilles.

Que de vagues de tristesse et de bien-être
sillonnent toujours
avant d'atteindre la guérison
de l'âme et du corps.

Si on lie à la médecine la prière et l'amour,
les grâces rédemptrices répandues
sur la terre prolongent des vies.

Il y a des médecins du ciel
qui font des miracles
et qui intercèdent pour nous sur la terre.

ÉNERGIES TERRESTRES ET CÉLESTES

Qui dit Kundalini dit éveil de la conscience,
laissant circuler librement ces énergies
sacrées dans tous nos centres,
ouvrant les profondeurs de nos âmes.

Que la proximité des cœurs et des âmes
qui s'aiment, les porte dans une légèreté
et une abondance des énergies
qui dansent avec la vie.

Que l'orgasme céleste ou terrestre,
c'est simplement la communion
de puissantes énergies
explosant dans la matière
dans un même temps.

L'énergie divine est proche
de l'énergie sexuelle,
non pas dans sa forme mais dans
ce qu'elle émet dans la totalité de l'être.
Elle soulève les corps.
Elle soulève les âmes,
Elle éveille les sens extra-sensoriels
et permet la révélation de son moi profond.

Qui dit apprivoiser les énergies célestes
dit rapprocher, approcher,
toucher toutes ces énergies sacrées
que l'on vous donne
pour qu'elles prennent plus de place
dans vos cœurs, dans vos corps,
pour éveiller la puissance de vos âmes
et l'élévation de vos consciences.

Ces puissantes énergies permettent
de comprendre la transcendance
de ces grands mystiques
qui ont renoncé à leur vie charnelle,
et qui peuvent être dans un émerveillement
de la vie terrestre, mais aussi céleste.

Quand cette grande et belle énergie touche
l'intérieur de chaque être,
elle resplendit à l'extérieur de tous ces corps.

LA MORT – L'AU-DELÀ

Une âme dans l'autre monde n'abandonne
jamais ceux qu'elle aime.
Elle est encore plus présente
dans tous les instants de vie.
Que de signes vous aurez, que de messages
vous entendrez.
On retrouve toujours les âmes que l'on
a connues et que l'on a aimées !

La mort n'est qu'une transformation,
une mutation, une renaissance.

L'âme est éternelle et la survivance de l'âme
est existentielle.
Cette certitude donne à nos cœurs tristes
plus de réconfort pour la continuité
de nos vies restantes.

Dans l'autre monde règne l'essence
essentielle de la vie,
l'amour inconditionnel, sans limites.
Qu'il est bon de l'intégrer dans la matière
afin de donner plus de légèreté à nos vies.

Que tous les êtres de la terre puissent
prendre conscience de la présence du ciel
pour que leur vie ait un vrai sens.

Les liens d'amour naissant dans les corps
meurent toujours,
alors que les liens d'amour naissant
dans les cœurs demeurent
pour toujours dans l'éternité…

L'alliance céleste, qui lie nos âmes
et nos cœurs,
est beaucoup plus authentique
que toutes ces alliances terrestres
plutôt éphémères.

LES ÂMES

Une âme a besoin d'authenticité
pour naître à elle-même.

La vérité touche toujours les âmes.
Que les cœurs puissent témoigner
de la présence de l'amour.

Les âmes que l'on a connu dans d'autres vies
et que l'on a aimées
impressionnent toujours beaucoup.

Une âme, quand elle parle juste,
touche celle qui se lie à elle,
et ces âmes dégagent une énergie
de guérison et de bien-être
quand elles s'accordent
et se font confiance.

Certitude des cieux,
certitude de dire que l'on retrouve
toujours les âmes que l'on a connues
et que l'on a aimées.

Que toutes les âmes puissent s'ouvrir
vers toutes ces voies surnaturelles
qui nous portent et nous transportent
vers le chemin de la lumière,
qui nous enivrent au plus profond
de nos entrailles,
dans la reliance la plus juste de l'amour.

Que seul le sacré puisse intercéder
entre les âmes qui s'aiment sur la terre
si telle est la volonté divine
et celle de l'homme.

Cette communion télépathique nourrit
les âmes, nourrit les cœurs.
Que Dieu est Amour.
Qu'Il crée toujours des événements
pour approcher, rapprocher, les âmes
qui doivent se retrouver.
Alléluia !

Croyez en vos âmes, croyez en vos cœurs,
car c'est vous qui détenez les clefs.

Dieu rassemble toujours les âmes qui s'aiment
et qui se sont reconnues.

Que toutes les âmes d'une grande
intelligence et d'une grande finesse
ont un grand pouvoir d'adaptation
envers les êtres.

Rares sont les âmes qui peuvent envoyer
à distance la vibration dans tous ces corps.
Il n'y a que les êtres éveillés
ou extrêmement généreux
qui ont cette capacité
et c'est une grâce.

La communion des âmes est présence
et constance dans la reliance silencieuse
des cœurs aimés.

Que vos âmes sont profondément spirituelles.
À chacun son temps, à chacun son rythme,
à chacun son heure de changer ses failles.
Vos âmes savent beaucoup de choses.

Ayez foi en votre âme,
en votre cœur,
car vous êtes très aimés sur la terre
et dans les cieux.

Que toute âme délivrée se tourne
vers la vraie vie, et ça c'est grandiose !

Il y a des âmes qui épanouissent des êtres.
C'est ça avoir le don d'ubiquité et c'est un art.
Qu'il est octroyé à de grandes âmes.

Tout ce qui est bon pour votre âme
vous sera donné
dans une plus grande intensité
car Dieu seul sait infiniment tout.

Qu'il y a des musiques qui élèvent les âmes.

Chaque âme sait
et a besoin de profondeur pour exister
et naître à la vraie vie,
non pas dans l'artifice
mais dans le vrai, Alléluia !
C'est ça la réalisation d'une âme,
c'est naître à soi-même.

Qu'il est dit que lorsque les âmes s'aiment,
elles communiquent dans d'autres plans
en temps réel
et qu'elles savent ce qui est bon pour l'autre.

L'AMOUR

Savoir véhiculer,
transmuter l'amour confus
en amour fraternel,
telle est la devise du ciel
et telle est l'évolution des hommes
sur la terre.

L'important c'est d'aimer.
Aimer c'est s'oublier soi-même
et dans l'oubli de soi-même
on transcende beaucoup de choses.

Que l'amour opère des grands miracles.
Il transforme les âmes
dans ce qu'elles doivent être.

L'enveloppe corporelle, aussi belle soit-elle,
n'est pas suffisante pour remplir le cœur
d'un homme d'une si grande dimension.

Une âme a besoin d'amour, tellement d'amour
pour son existence et sa naissance.

Quoi de plus beau que d'être aimé ?
Quoi de plus vrai ?
Que désirer de plus que d'être habité
par l'amour
que l'on transporte de vie en vie ?

L'œuvre du divin libère tous les obstacles
pour laisser place à la fluidité de ce courant
merveilleux qui est l'amour.

Que l'Amour avec un grand A
met en extase de vie l'être dans sa totalité
et en éveil tout son potentiel
pour en extraire la quintessence,
comme une étincelle de Dieu
répandant en nos cœurs une puissance de vie,
de joie et d'amour.

Les âmes vibrant à la même fréquence
pour ne faire qu'un avec le ciel,
c'est ça l'alchimie de l'amour.
Rien à voir avec les corps,
c'est tout autre chose.
D'ailleurs le corps n'est qu'un instrument
qu'il faut mencr avec prudence.

Que l'amour œuvre de grands miracles,
soulève des montagnes,
transcende les difficultés
avec une légèreté et une profonde
compréhension de vie.
Qu'il nous donne une force,
une puissance de vie
sans limites.

Être habité par le fil conducteur de l'amour,
c'est une grande richesse,
c'est une bénédiction.

L'amour répare les âmes, les cœurs et les corps.
Il rassemble les âmes qui s'aiment
dans un temps juste,
sans rien attendre.

La puissance d'amour donne un sens
à nos vies
car sans amour, on n'est rien sur la terre.
Qu'importe l'amour !
L'amour de Dieu.
L'amour d'un homme.
L'amour des hommes.

Quelle merveille, quelle croissance,
l'amour naît dans les cœurs,
non dans les corps.
Toujours privilégier les cœurs
plutôt que les corps
qu'ils insufflent à vos âmes confiance,
confiance dans le génie qui est le vôtre.

Que de clameurs, que de lumière que d'être
porté par la profondeur de l'amour.

Que la force d'amour sensibilise
toujours les âmes aimées.

La force de guérison la plus puissante
est l'amour.

Dans l'amour juste et dans la proximité,
les âmes et les cœurs s'émerveillent
de se retrouver dans ce monde
… ou dans un autre monde.

Que tous les amours qui aspirent vers le bas
et qui entraînent des souffrances
ne sont pas le véritable amour,
mais plutôt des règlements de dettes
karmiques.

L'amour, c'est tout donner,
sans limites,
sans détours,
dans une offrande sacrée.

Que seul le sacré puisse intercéder
entre les âmes qui s'aiment sur la terre
si telle est la volonté divine
et celle de l'homme.

Que l'on ne dit jamais assez aux êtres que
l'on porte dans nos cœurs qu'on les aime.

Que toute âme puisse avec le temps
transformer,
alchimiser les amours conflictuels
en amour fraternel,
telles sont les grandeurs
et les capacités de vos âmes.

Qu'il soit céleste, terrestre, ou les deux,
qu'importe :
l'essentiel, c'est l'Amour avec un grand A.
C'est le seul fil conducteur de toutes les vies
qui puisse mettre l'homme en extase de vie,
extase des âmes, extase des corps,
extase de l'être.
Ainsi soit-il !

La profondeur de l'âme sait que l'amour,
c'est spirituel.
D'ailleurs dans le mot amour, il y a âme.

Seul l'amour vrai, authentique,
peut sauver les âmes,
sauver les cœurs.

Quand on rencontre l'amour céleste
ou terrestre, ou les deux,
c'est une énergie qui vous porte,
qui transporte,
qui vous élève,
qui potentialise l'âme originelle.

D'ailleurs, l'amour c'est l'essence
de toutes les religions
et c'est ce que l'on doit répandre sur la terre.

Que dans chaque acte déposé soit semé
l'amour.

Beaucoup d'êtres sur la terre se trompent
sur le sens profond de l'amour,
sur sa dimension dans l'éternité...

Cette énergie d'amour équilibre l'homme
au plus profond de ses entrailles,
dans la subtilité des mots,
tout en laissant l'homme libre,
car un homme libre est un homme heureux.
Cette spirale magique anime tout son être,
touchant à des sphères d'une autre
dimension.

Quand l'amour est dans les cœurs,
c'est une grande richesse,
clef de tous les univers,
aussi bien dans les écritures saintes
que dans la vie terrestre ou céleste,
nourriture essentielle de toute âme.

Il faut toujours aller à l'essentiel
et l'essence du ciel, c'est l'amour.

# L'ESPRIT-SAINT, LA VIERGE MARIE, LES ANGES ET LES GUIDES

L'Esprit-Saint fait grandir les consciences
en infusant à leur âme toutes les clefs
pour permettre l'ascension.

Que l'Esprit Saint vous inonde
d'une immense lumière qui vous guide
dans ce que vous devez mettre en œuvre
sur la terre.

Vous la verrez la grande lumière,
la lumière de l'Esprit Saint.

Le parfum de la Vierge c'est la rose
et le sens de la rose c'est l'amour
et l'amour c'est la vie.

Qui dit Ange dit messager de Dieu.
Qui dit messager des cieux dit amour,
sagesse, vérité.

Ceux qui dans l'au-delà vous aiment
veulent infiniment votre bonheur.
Accueillez les grâces qui vous sont
accordées...

C'est merveilleux de pouvoir s'abandonner
et d'être en pleine réception
de tout ce qu'ils peuvent nous envoyer.
C'est un grand cadeau
que l'on ne cesse de remercier et de bénir.

Ils vous remercient
pour tout ce que vous émettez.
Les grâces vous seront rendues au centuple,
dans l'intensité de ce que l'on émet.
Dans Sa divine profondeur,
telle est la loi de cause à effet.

La connexion avec vos âmes
est d'une ultime perfection
résonnant à l'infini
dans un accord parfait,
dans le royaume des anges.

Qu'ils vous bénissent
et surtout qu'ils vous aiment.
Que le silence vous transporte plus loin
dans les sphères célestes,
à la découverte des monts et merveilles
de l'esprit,
que l'Être suprême peut offrir à l'humanité.

De grandes protections angéliques
vous entourent.

Le monde angélique travaille
sur tous vos corps
et veut vous voir infiniment heureux
dans les profondeurs.
Amen.

Ils souffleront à l'infini à votre âme
des messages d'amour inspirés
par la cour céleste.
Pour vous remplir de cette puissance
qui vous anime dans les profondeurs
de vos entrailles,
et qui est l'étincelle d'un grand bonheur,
et la lumière dans tous les cœurs,
de tous les êtres, de toutes les vies,
de tous les temps.

Les présences célestes et terrestres
donnent toujours de l'aisance.

CÉLÉBRATION

Innombrables sont les bénédictions.

Que l'hymne à l'amour, l'hymne à la joie,
l'hymne à la paix riment avec la vie.

Que votre âme danse avec la vie,
qu'elle soit joyeuse.

Que de prémisses, que de douceurs
d'être porté par la profondeur
de tous ces mots qui enflamment l'être
dans ce qu'il est,
et met en éveil son potentiel de grand génie.
Ainsi soit-il !

Que de cadeaux de voir ces transformations
œuvrer dans ces âmes.

CHEMIN DE VIE ET D'ÂME

Toujours savoir bien nourrir son âme,
car c'est la clef d'une immense paix.

Savoir découvrir la profondeur de son âme
et quand on touche à cette profondeur,
on peut comprendre la transcendance
de tous ces grands mystiques
qui sont remplis d'amour
par la contemplation
et qui peuvent se détacher de la matière.

Dieu empreinte toujours la bonne voie
pour ouvrir les âmes.

Que l'accomplissement de vie se met en place lorsque l'âme est prête.

Qu'importe le temps, le temps est juste.

Savoir attendre, c'est tout comprendre.

Qu'importe le temps, d'ailleurs,
il n'y a pas d'espace-temps dans l'au-delà.
Tout est juste.

L'essentiel, c'est que l'homme, nouveau
génie soit-il, progresse dans sa vraie vie
qui n'est que beauté et amour.
Telle est son essence et le sens de la vie
Et de toutes les vies.

Qu'il est dit de ne pas trop vous en dire
mais plutôt vous laisser découvrir les monts
et merveilles de l'amour sacré,
dans l'unité du Saint Esprit,
et de n'être que dans la réceptivité
de tous vos sens.
Que l'âme doit être arrivée à maturité pour
savourer pleinement cette union sacrée.

Une solitude habitant les cœurs conduit
toujours vers une élévation spirituelle.
Tel est le chemin initiatique permettant
de prendre conscience
de qui l'on est,
et de ce à quoi on aspire.

Savoir s'abandonner en totalité
pour se laisser traverser par cette puissante
dimension suprême qui est la nôtre.

Il est important de savoir qui l'on est
pour accéder aux clefs du grand bonheur,
et ce à quoi on aspire pour se diriger
vers le vrai chemin de l'amour
qui lui seul ne crée pas de souffrance
mais plutôt vous porte,
vous transporte,
dans les profondeurs de vos âmes.

Tout être qui ressent une certaine solitude
témoigne du chemin de l'éveil spirituel.
Savoir l'accueillir pour mieux la comprendre
et se dire que l'on est jamais seul en présence
du ciel.
Certes seul sur la terre, que l'on soit marié,
moine ou moniale, ou célibataire.

La grâce sème dans la totalité de l'être
les clefs du grand bonheur
pour ne faire qu'un avec le ciel,
dans un amour constant et rassurant,
donnant plus de douceur au quotidien.

Que les choses arrivent toujours
quand les âmes sont prêtes.

Toutes nos descendances
ont besoin de nos présences
pour leur construction,
d'où la nécessité d'être reliés et heureux.

Toute forme de jeûne est bénéfique
pour l'éveil d'une âme.

Tout être qui suit le chemin du cœur
est toujours dans l'amour,
car seul l'amour mène au bonheur.

Tout être qui a la foi est toujours
dans la confiance.

Vous goutterez aux joies mystiques,
à des états d'extase qui dépassent
beaucoup de choses
et qui illuminent les cœurs.

Surtout ne pas se galvauder,
ne pas s'écarter de la source divine
qui est la nourriture essentielle de l'âme.

Qui dit détachement dit liberté,
joie de vivre,
confiance de vie et libération
des souffrances du cœur,
conduisant vers un chemin de paix.

L'essentiel est de vivre chaque instant
de nos vies dans la reliance
de nos cœurs joyeux,
dans une offrande d'amour céleste.

Que l'essentiel de la vie est d'être
dans l'instant présent,
de lâcher prise avec le passé.
C'est vers ce chemin que tout être
doit se diriger.

Ne rien attendre, se laisser conduire
par la grâce, dans un abandon de vie.

Que la vie est simple,
c'est l'homme qui la complique.

Finalement rien n'est grave.

Il faut toujours laisser le temps au temps.

Les mémoires contemplatives
se réactivent pas à pas,
tout en douceur,
vers les profondeurs de votre âme
qui spirituellement est belle,
tellement belle
qu'elle ne demande qu'à s'ouvrir.

La clé consiste à lâcher prise
afin que le mental ne puisse pas entraver
le ressenti juste.

Les émotions sont liées au cœur
et les peurs sont liées au mental,
et qu'elles sont souvent en correspondance
avec des déceptions.

On est créateur de sa vie.
On voit toujours en image
le déroulement de sa vie,
la pensée étant créatrice.
Les images précèdent les actions,
les réalisations.

Il faut croire toujours en son ressenti
car il est seul chemin de vérité.

Toujours vivre sa vie avec amour
et avec humour,
transformant toutes les situations
dans une harmonie et une légèreté.

Il faut toujours se connecter à son âme divine
et se nourrir à la source.

Que personne sur la terre ne puisse entraver
la liberté des êtres
car être libre c'est être heureux.
Les respecter c'est les aimer.

Il faut toujours s'imprégner
des forces positives
et les envoyer pour permettre à l'autre,
aux autres, leur accomplissement.

La reliance et l'écoute de l'âme et du corps
sont nécessaires à l'épanouissement d'un être.

Une vie et une alimentation saine.
Privilégiez la qualité à la quantité.

Qui dit transcendance de l'être
dit transparence.

Dépassement de soi,
c'est prendre conscience de qui l'on est,
dans la subtilité des choses de la vie.

Il faut parfois plusieurs vies
pour s'accomplir.

RÈGLES DIVINES

Un être pur se conduit toujours
dans la droiture, la vérité et l'amour.
Tel est son équilibre.
Il ne peut se comporter que divinement.
Telle est la loi.

Toujours se comporter avec les autres
comme on aimerait qu'ils se comportent
avec soi.

Personne ne peut juger car Dieu seul
peut le faire.
D'ailleurs tous ces jugements entravent
l'évolution des hommes.
C'est la raison pour laquelle il faut toujours
œuvrer en silence.
Les pensées doivent être positives,
telle est la loi d'attraction.
On attire une parcelle de ce que l'on est
et de ce que l'on pense.

On ne doit jamais offenser les êtres
que l'on aime,
sinon leur demander pardon
le vrai pardon du cœur,
qui dans sa résonance est une forme de don.

RENDRE GRÂCE

Se relier et remercier.
Alléluia !

Nous remercions, nous bénissons,
nous louons les plus belles prières d'Amour
au ciel pour toutes ces guérisons.
Les jours passant seulement reliés
dans la puissance de la prière,
dans la guidance de la médecine,
prière intense, prière d'Amour.

Que de lumière, que de douceur,
vertus du ciel d'être en accord avec la terre
chemin d'amour, chemin de vie,
chemin de joie,
et la lumière dans tous les cœurs
et dans l'éveil de toutes les âmes
dans la conscience la plus subtile
de la présence de tous les anges.

Il est dit de chanter les plus belles louanges
pour dire merci aux cœurs aimés.

Le monde céleste applaudit pour toutes
ces transformations
qui vont de plus en plus vous inspirer.

Qu'infiniment, ils vous remercient d'être
qui vous êtes.

Pour la célébration des fêtes,
on souffle les beaux cantiques,
soulevant les êtres dans une immense
lumière d'amour infinie.

RÉVÉLATIONS

Puissiez-vous intégrer
au plus profond de vos cellules
le vrai sens profond de l'amour
et que vous sachiez les choses.

Très peu d'âmes peuvent être
dans cette compréhension
que l'essentiel c'est que l'autre soit heureux.

Tout peut-être vécu sans jugement
à la seule condition que tous les hommes
puissent être heureux.

Amen.

Témoigner des liens magiques entre le ciel
et la terre qui se tissent et se retissent
de vie en vie et qui restent inscrits
dans la mémoire de l'éternité
et qui, dans l'instant seul d'une grâce,
s'éveillent et s'émerveillent à nouveau
par le seul fil conducteur de l'amour.
Parcours initiatique conduisant
à un état de silence et de joie mêlés,
à de grandes révélations.

Toutes les peurs libérées laissent place
au verbe juste.

Que la sensibilité est une force
et une fragilité.

Aimer les belles choses
et avoir une grande profondeur
sont des qualités essentielles à l'harmonie.

Ce sont les attentes qui créent les souffrances.
C'est la raison pour laquelle il faut toujours
donner sans attendre.

Lorsqu'on rencontre les grandes profondeurs,
on ne peut plus s'abandonner à des futilités
terrestres.

La vie est magique.
Savoir cultiver le bien en chaque âme,
telle est notre devise.

La vie est un cadeau, simplement.

Le Verbe est créateur aussi bien
dans son intensité que dans ce qu'il émet.
Il doit être en résonance avec le cœur
sinon s'abstenir et demeurer en silence.

Il faut toujours une belle liaison
entre l'instrument et le maître.
Un instrument doit toujours être de qualité
pour que puisse s'opérer de grands miracles.

Il faut toujours dépasser les religions,
les éducations, les conventions,
car c'est l'homme qui instaure tout cela,
afin de n'être que dans le ressenti de vie
et dans le non-jugement des chemins de vie
différents.

Que tous ces mots s'intègrent dans la matière
afin de pouvoir les vivre pleinement sur la terre,
c'est ça l'accomplissement d'une âme.

Les divines énergies vont vous transporter
dans un monde merveilleux,
tourbillonnant dans la magie céleste.

Avec la tendresse et la douceur
de tous ces mots insufflés à votre âme
à chaque « inspire », à chaque « expire »,
le souffle qui est force de vie.

Toujours se souvenir que chaque expérience
fait grandir les êtres.
Qu'il n'y a jamais d'échecs.
C'est simplement l'apprentissage de la vie.
L'important, c'est d'apprendre,
de comprendre, et d'accepter.
Que de sauts quantiques vous ferez…

Votre générosité et votre infinie bonté
seront récompensées par le royaume
des cieux,
car ainsi vous faites partie des grands
seigneurs de la terre.

Toutes les inspirations et les intuitions
appartiennent au plan divin.
Sachons les entendre !

Vous goûterez à d'autres dimensions,
à d'autres plans encore inconnus à vos âmes.

On vous envoie de grandes forces célestes
pour vous remplir de cette lumière
qui illumine votre âme,
et qui vous donne plus de constance
dans le génie que vous êtes.

On dépose dans votre cœur un jardin de fleurs
embaumant tous vos corps subtils,
dans une extrême douceur
qui rime avec la sœur, pour vous guider
vers le chemin du grand amour.

La vérité touche toujours la profondeur
des âmes.

Tout ce qui est juste revient à sa place.

Derrière chaque organe se cache un sentiment,
une émotion.

La parole est un trésor.
Quel bel instrument pour épanouir les âmes.
Seule la vérité peut être entendue des cœurs.

L'esprit d'un moine chemine toujours
en partie dans la voie du silence
et de la solitude.

Moines et moniales se rassemblent toujours
pour diffuser et répandre l'amour.

Certains ont des mains de velours
et d'autres de fer.
Tout est présent dans l'univers.

Le rayonnement et l'embellissement
de vos cellules prennent plus de corps
dans la beauté de votre âme et de votre être.

La douceur et la portée des mots apaisent
les cœurs angoissés.
Merci.

Que dans le mot respect résonne la paix.

On perçoit tous ces messages invisibles
dans la subtilité et la fluidité de tous ces mots
donnant plus de corps à la présence
de qui l'on est.

LE SILENCE

Temps de retraite, temps de silence.
Temps de rituel en accord avec le ciel,
puissance de vie à répandre sur la terre.

Répondre aux appels du silence,
même les plus infimes,
c'est ça la grâce du silence.

Toujours se souvenir que les grandes choses
naissent dans le silence.

Lorsque l'on touche ces hautes sphères,
on revient toujours avec de grandes forces
et de nouvelles données.

Qu'importe le temps,
l'œuvre du silence opère de grands miracles
lorsqu'il est guidé par l'amour.

UNITÉ

La seule façon d'être rempli
c'est de ne faire qu'un,
corps et âme.

Guérison de l'âme.
Guérison du cœur.
Guérison du corps.
Car tout n'est qu'un dans la matière
et le corps n'est que l'expression
de l'âme et du cœur.

L'âme a besoin davantage de clémence
et de discernement
pour être dans la présence.
La spirale de l'amour multidimensionnelle
nous entoure,
pour ne faire qu'un avec le ciel.
Unité divine,
Unité d'amour,
Unité de vie.

Que nos âmes ne formant qu'un à l'unisson
se relient,
par la pensée,
par la prière,
pour exploser dans la matière.

Que la synergie de nos âmes s'accorde
dans un même temps,
temps de prière, temps de silence.

L'essence de votre âme transporte
les clefs essentielles
pour potentialiser l'éveil d'une âme.
C'est cela avoir l'âme d'un génie.
C'est transmettre dans l'innocence.
C'est ce que l'on appelle un état de maître.
Deux âmes sur la terre reliées
à la toute puissance divine
ne formant qu'un,
représentées par un triangle :
la trinité symbolisant l'unité.

Le fil d'or, qui relie les deux omoplates,
relie les cœurs, relie les âmes, relie les corps
dans une unité la plus parfaite avec le ciel,
avec les anges.
La réunification, l'amplification de ce lien
qui se tisse plus fort avec le temps.
Temps de silence.
Temps d'oraison.
Temps de prière.
Prière d'amour et la lumière
de tous les cœurs, dans toutes les vies.

Communion des âmes,
communion des cœurs,
communion des corps.
Tout est confus dans l'humanité
et pourtant tout n'est qu'unité.

Guérison de l'âme.
Guérison du cœur.
Guérison du corps.
Car tout n'est qu'un dans la matière
et le corps n'est que l'expression
de l'âme et du cœur.

Il y a des âmes qui s'unissent
par ce grand pont de lumière,
qui s'unissent à la terre et dans l'éternité.

Que de belles forces vous assemblent,
vous rassemblent et vous ressemblent,
dans une totale liberté de cœur et d'amour.
Cette union et cette communion ne peuvent
que croître avec le temps
et prendre vie dans tous ces mots.

Je vous lie à mon à mon âme,
à mon cœur,
lors de mes contemplations,
lors de mes prières,
pour permettre l'ascension à la voie céleste
qui est l'amour
et l'élixir de toutes les vies.

VŒUX DU CIEL

On vous souhaite les plus beaux vœux du ciel
et de la terre, dans un émerveillement
et un accomplissement des lois divines.

Que la lumière de cette année puisse
inspirer toutes les âmes dans ce qu'elles
doivent être,
et surtout aspirer à la paix et à l'amour
dans toutes les épreuves.
Amen.

Qu'il est dit que l'on vous souhaite
une très belle année,
dans la richesse de tous les cœurs,
de tous les mots,
de toutes les âmes,
en s'unissant à la cour céleste
dans l'unité du Saint Esprit.

Que le pincement circonstanciel
de tous les cœurs
puisse mettre en conscience l'intensité
de ces amours,
dans la reliance de toute cette vie.

Que toute âme qui a pu s'égarer
trouve le chemin lumineux
et puisse se réconcilier avec la vie,
source de joie et de paix.

Que ces états de grâce que vous ressentez
envahissent tous vos proches
et tous ceux que vous aimez.

Que tous ces mots enveloppent vos âme
d'une grande lumière qui vous éclaire.

Que chaque être puisse être dans la clarté
de l'esprit.

Puisse chaque parent transmettre à son enfant
le vrai sens profond de l'amour
et puisse l'enfant être dans la joie du cœur
et dans ce qu'il doit être.

BIOGRAPHIE

Thérapeute de Lumière depuis seize ans, Béatrice Laroche met son hypersensibilité au service de l'humanité, un trait de caractère qui était déjà bien présent dans son enfance. Intuitive et empathique de nature, elle souffre de voir le manque d'amour et de vérité dans le monde.

C'est bien plus tard, à l'âge de 33 ans, après un parcours initiatique, qu'elle trouva sa mission de vie axée fondamentalement sur l'Amour et la guérison des corps, des cœurs et de l'âme.

Le déclic fut la rencontre avec Dieu qui a complètement bouleversée sa vie. « J'ai été saisie par la Grâce, j'ai été appelée par l'Amour de Dieu. Je suis une religieuse en liberté avec beaucoup de joie dans mon cœur. »

Sa rencontre avec Sainte Thérèse de Lisieux, Docteur de l'Amour, la toucha profondément, celle-ci fut la première initiatrice dans sa Vie Spirituelle.

Rien n'arrive par hasard dans nos existences. Selon Béatrice, la souffrance fait grandir notre âme et nous amène vers l'accomplissement ou vers un autre niveau de conscience. Grâce à sa Foi ardente, Béatrice transcende les maux de l'âme, du corps et du cœur en Lumière. Alliance entre Ciel et Terre, elle est l'instrument au service de l'autre, dotée d'un don inné qui libère.

Sa démarche thérapeutique est holistique et son regard œcuménique, au-delà des religions, croyances et autres... Le langage du cœur n'a pas de limites.

TÉMOIGNAGES

« Merci Béatrice, vous avez ouvert mon âme et vous avez embrasé mon cœur, vous êtes une véritable Prêtresse de l'Amour. »

« Le Ciel m'a bien guidé lorsque je suis allée pour la première fois chez Béatrice. C'est une grande Guérisseuse, elle irradie ! Fermant les yeux lors du soin, j'ai reçu une « apparition » : le visage de la Sainte Vierge avec son grand voile bleu. Remplie d'émotion et d'amour, j'ai pleuré devant cette Grâce divine ! »

« Ma communion avec Dieu fut confuse et trouble durant de nombreuses années. Aujourd'hui, grâce au « Fabuleux Destin » qui nous a fait nous rencontrer, Béatrice et moi, je vis davantage dans le ressenti. Depuis lors, chaque jour qui passe, je suis en prière. Vous êtes une personne fabuleuse. Je suis sûre d'une chose – à présent que les doutes sont dissipés – je vous porte toujours dans mon cœur. Merci d'être qui vous êtes. »

« Que d'apaisements ressentis quand je viens vous voir : bonté, sincérité, générosité, prières, Foi, et Tout cet Amour en vous afin d'apporter de la bienveillance à toute personne souffrante... Sachez que je ne sais pas comment vous remercier. »

« Merci de nous libérer de nos émotions et de nous ramener sur la Voie de la Prière. Après avoir connu un long travail thérapeutique, Dieu a toujours été bon envers moi en plaçant sur mon chemin des personnes exceptionnelles d'Amour et d'Humanité. Cette fois, encore, il n'a pas failli. Vous êtes, chère Béatrice, un révélateur de potentiels d'Âmes. Merci pour votre humilité. Merci de votre intercession avec l'Au-delà et avec tous ceux qui y demeurent. »

« L'Amour et la Lumière parfument les couleurs de nos Vies. Votre chapelle colorie nos Âmes en nous ouvrant ses portes dont vous êtes la Gardienne, Béatrice. En franchissant ces portes nous retrouvons notre chemin, celui qui nous mène vers le Soi, vers notre Cosmos, vers notre Silence intérieur. Gratitude pour nos Guides, Gratitude pour notre Vie. »

« J'ai constaté de nombreux résultats positifs sur le plan physique. Je souffrais du dos depuis neuf mois suite à un conflit émotionnel... au stade de ne plus pouvoir pratiquer la course à pied. Les médecins avaient planifié une intervention chirurgicale qui n'a jamais eu lieu. Je suis allée voir Béatrice et à la fin de la séance, je suis repartie soulagée, sans douleur. Cette expérience prouve qu'il existe des choses inexplicables… qui appartiennent au divin. »

« Merci Univers d'avoir mis sur notre route Béatrice ! Il y a quelques années, mon époux étant atteint d'une tumeur souffrait beaucoup. Après quelques séances, sa santé s'est nettement améliorée ! Je dirais qu'il est guéri… même les médecins nous ont demandés si nous étions allés à Lourdes ! Béatrice est avant tout, je dis bien, avant tout, un être de Lumière… elle fait partie de ceux qui sont très rares ! »

« Ayant perdu mon enfant il y a des années, durant le soin avec Béatrice, j'ai non seulement vu la lumière traverser mon corps mais aussi mon fils me sourire dans l'au-delà, signe que j'espérais depuis 20 ans. Je me suis réconciliée avec la croyance en la survivance de l'âme. »

« J'avoue que je suis un peu terrifiée au début de la séance ne sachant strictement rien sur Béatrice, ayant été recommandée par une amie. Je ferme les yeux mais je ne dors ni ne rêve. Une lumière m'éblouit… J'ouvre les yeux, je prends conscience de la position de mes mains et de mes pieds, persuadée qu'on me les "tient"... Bien qu'il n'y ait personne en chair et en os devant moi, je ressens la présence de deux êtres chers. Mon visage se couvre de larmes de bonheur ! Oui, mes grands-parents sont bien là devant moi... mon grand-père tenant mes pieds, et ma grand-mère mes mains... comme pour me dire : "N'aie pas peur, nous sommes là, nous te lâcherons pas, nous t'aimons". »

TABLE DES MATIÈRES

PRÉFACE 7
LE MONDE – LA MATIÈRE..........................11
CORPS ET ÂME...15
ÂME, CŒUR ET CORPS, GUÉRISON 23
ÉNERGIES TERRESTRES ET CÉLESTES.....29
LA MORT – L'AU-DELÀ 35
LES ÂMES..41
L'AMOUR...51
L'ESPRIT-SAINT, LA VIERGE MARIE,
LES ANGES ET LES GUIDES 65
CÉLÉBRATION 73
CHEMIN DE VIE ET D'ÂME 77
RÈGLES DIVINES...................................93
RENDRE GRÂCE 97
RÉVÉLATIONS 101
LE SILENCE...115
UNITÉ...119
VOEUX DU CIEL.......................................125
BIOGRAPHIE 131
TÉMOIGNAGES 133